やり方がちがう人を取り残さない

東洋大学人間科学総合研究所客員研究員　川内美彦（かわうちよしひこ）

　本を読むときに、多くの人は、文字を目で読みます。では、目の見えない人は、本が読めないのでしょうか。いえいえ。目の見えない人は、点字や、パソコンでの音声による読み上げなどで、本を読んでいます。

　人と話をするとき、多くの人は、相手の声を聞きながら話をします。では、耳の聞こえない人は、人と話ができないのでしょうか。いえいえ。耳の聞こえない人は、手話や筆談などで、人と話をしています。

　高いところのものを取るとき、多くの人は、背をのばして取ります。では、立ち上がることができない人は、高いところのものが取れないのでしょうか。いえいえ。立ち上がることができない人は、周りの人にお手伝いをたのんだりして、高いところのものを取っています。

　見えない、聞こえない、立ち上がれない人たちは、できない人だと思われていますが、そうではなくて、ほかの人たちとはやり方がちがうのです。でも社会は、やり方がちがう人がいることを、あまり考えてきていませんでした。なので、やり方がちがう人には、できないことがたくさん生まれてしまっています。

　この本には、そのやり方がちがう人たちができるようになれる工夫が、たくさん載っています。いま世界は、「だれひとり取り残さない」（Leave No One Behind）という目標をかかげています。これからは、ほかの人とやり方がちがっていても、その人たちなりのやり方で、いろいろなことができるような社会になっていってほしいものです。そして、それぞれの人がそれぞれのやり方でできることがあたりまえの社会になってほしいものです。

　そうした社会にするにはどうしたらよいか、そして町にはどんな工夫をしていくとよいか、みなさんもぜひ、考えてみてください。そして、考えつづけてください。

みんなが過ごしやすい

町のバリアフリー

5

監修 川内美彦（東洋大学人間科学総合研究所客員研究員）

安心できる工夫

小峰書店

「みんな」ってどんな人?

　この本のタイトルは『みんなが過ごしやすい町のバリアフリー』です。ところで「みんな」とは、だれのことでしょうか?

　町には、お年よりや小さい子ども、目や耳などに障害のある人、けがをした人、日本語がわからない外国人など、さまざまな人がいます。そのひとりひとり、すべての人たちができるだけバリア（かべ）を感じずに過ごせるように、町の図書館、病院などの建物や乗り物、道路の設備にはいろいろな工夫があります。

　5巻では「安心できる工夫」を紹介します。町を歩いて、みんなが安心して過ごすためのいろいろな工夫を調べてみましょう。そして、みんなが過ごしやすい町になるために、自分にはどんなことができるか、考えてみましょう。

もくじ

この本の使い方

この本では、バリアフリーのための設備とその工夫について、3つのステップで紹介しています。

①

Q どんなところにあるの？

Q&Aの形式で、紹介している町の工夫が、どのような場所でよく見られるかなどを説明しています。町を歩いて調べるときの参考にしましょう。

調べてみよう！

紹介している町の工夫について、身近な場所を調べるときのヒントです。

②

Q なぜ、つくられたの？

Q&Aの形式で、この設備がなぜ考えられたのか、なぜつくられたのかを説明します。どんな人にとって便利なのかも説明します。

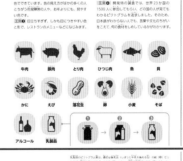

使いやすくするための工夫

設備にどのような工夫がされているのか、図や写真とともに紹介します。

インタビューコーナー

紹介している設備と関わりの深い、当事者のみなさんの声をQ&Aの形式で紹介します。

③

見てみよう！ くわしく知ろう！

紹介した町の工夫について、くわしく解説するページです。誕生したときのことや今にいたるまでの歴史を紹介したり、国内での広まりのようすを紹介したりしています。

コラム

紹介した町の工夫について、少しちがった視点から考えます。

年表、グラフなど

年表やグラフで、その設備に関するバリアフリーの歴史などをよりくわしく学びます。

考えてみよう！

みんなの毎日のくらしと町のバリアフリーの関係について、みんなで考えていきたいことを提案します。

みんなが過ごしやすい町になるためのバリアフリーの工夫について、調べて報告文を書いてみましょう。ここでは、食材ピクトグラムについて調べた報告文を紹介します。

この本で調べた報告文の例

みんなに便利な食材ピクトグラム

5年5組　佐々木和子

マークがついていたソース

1.調べたきっかけ

　母が買ってきたソースに食べ物の絵のマークがたくさんついていた。マークには全部、赤いななめの線もつけてあった。このマークが何のためについているのか知りたくなったので、マークの役割を調べることにした。

2.調べ方

　大きく分けて、二つの方法で調べた。一つ目は、本でマークの意味と目的を調べた。本には「食材ピクトグラム」とか「フードピクト」という名前で説明がのっていた。二つ目はインターネットで調べた。「フードピクト」のキーワードで検索して、どんなところで使われているのかを調べた。

3.調べて分かったこと

　「みんなが過ごしやすい町のバリアフリー」に、食物アレルギーのある人は食べられないものがあることや、「宗教によっては、食べてはいけないとされる食材があります」とも書いてあった。まちがって食べてしまうことをおそれて、安心して食事ができない人もいるそうだ。「店の料理や売られている食品にどんな食材が使われているのか、一般の人はくわしく知ることができません。そこで、だれが見ても分かるように、食材ピクトグラムがつくられました」と書いてあった。食物アレルギーのある子どもが多いことが分かる棒グラフものっていて、まちがって食べてしまうと命にかかわる人などにとっては、とても便利なピクトグラムだと分かった。

　インターネットで「フードピクト」を調べると、フードピクトを開発した会社のウェブサイトが見つかった。「導入事例」を見ると、政府会議や国際大会、空港、テーマパーク、ホテルやレストラン、食品パッケージなどに使われていることが分かった。

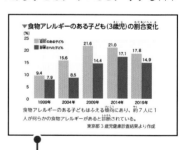

▼食物アレルギーのある子ども（3歳児）の割合変化

食物アレルギーのある子どもはふえる傾向にあり、約7人に1人が何らかの食物アレルギーがあると診断されている。
東京都3歳児健康診査結果より作成

4.まとめ

　フードピクトは、どの国の人が見ても何の食材か分かるように、外国の人たちに協力をしてもらいながらつくったそうだ。日本語が分からない人にも、料理に何が使われているかを知らせることができるから、政府会議や国際大会など、外国の人がたくさんいる場所でよく使われているのだろうと思った。フードピクトのように、これからも新しいピクトグラムが開発されたら便利でよいなと思った。

- -

参考　「みんなが過ごしやすい町のバリアフリー」小峰書店　（2022年）

30ページの「なぜ、つくられたの?」から、文章を引用しているよ。

30ページの「なぜ、つくられたの?」を読んで、分かったことを書いているよ。

30ページの「なぜ、つくられたの?」から、文章を引用しているよ。

32ページから、棒グラフを引用しているよ。

コツの①～④は
1巻～4巻を見てね!

「まとめ」で自分の考えを書こう

町のバリアフリーの工夫を調べたことで、どんなことを学べたでしょうか。最後の「まとめ」に、自分の考えを書きましょう。

「自分の考え」は、「調べて分かったこと」からみちびきだされた、新しい考えのことです。今回、町の工夫について調べたことで、初めて知ったことがあるはずです。そのことについて、どのように感じ、何を考えたか、言葉をえらびながら文章にまとめましょう。

「まとめ」を書いたら、最初の「調べたきっかけ」から読み返して、「○○について調べることにした」というテーマが書いてあるか、確認しましょう。「きっかけ」だけで「テーマ」がぬけていると、分かりにくい報告文になります。

ポイント

まとめには
「○○だということが分かった。」
「○○だと感じた。」
「○○だと思った。」
などの書き方をすると分かりやすい。

「公共トイレ」について
調べることにしたMくんの場合

調べて分かったこと

小便器が床からはなれている男子トイレでは、そうじがしやすく、トイレ全体が清潔になるそうだ。みんなが使いやすいトイレはそうじがしやすいトイレでもあることが分かった。

まとめ

トイレがきれいになるとみんなが気持ちよく使えるので、よい工夫だと感じた。町のバリアフリーの工夫は、障害のある人のためだけではないと分かった。学校のトイレもそうじがしやすいトイレだったらいいなと思った。

「UD自動販売機」について
調べることにしたNさんの場合

調べて分かったこと

ふつうの自動販売機では、小さな子どもや車いすを使う人は背のびをしないとボタンに手がとどかない。目や手が不自由な人にも使いにくい。そこでだれもが使いやすいように、UD（ユニバーサルデザイン）の自動販売機が開発された。

まとめ

ユニバーサルデザインという言葉は知っていたけれど、これまでは意味がよく分からなかった。自動販売機の工夫を調べたことで、だれもが使いやすいデザインをめざすというユニバーサルデザインの考えが少し分かった。

友だちと報告文を読み合おう

報告文ができあがったら、みんなで読み合いましょう。友だちの報告文は、どんなところが分かりやすいでしょうか。分かりやすいのは、なぜでしょうか。分かりやすい報告文のよいところを、自分の報告文にも取りいれてみましょう。

この引用の仕方が、分かりやすくていいね。

「まとめ」を読んだら、町の工夫が大切だと思った理由がよく分かったよ。

子育て中の
一二三達哉さん
（ひふみたつや）

一二三さんはふたりの女の子の
お父さんです。家族でのお出か
けはどんなようすでしょうか？

子育ては
たいへんですが
楽しいです！

私は今、千葉県で6歳と1歳の子どもを
育てています。住んでいる町には同じように
子育て中のパパやママがたくさんいるので、
楽しくて心強いです。休みの日には、ベビー
カーをおして公園に出かけます。ここは家族
で住むにはとてもよいところなのですが、せ
まい道路が多くて、こまることがあります。
安心して歩ける道がふえるとうれしいです。

1 公園へお出かけ

駅の近くにくると、
だんだん車が多くな
ってきました。ガー
ドレールがないので、
気をつけて歩きます。

あぶないから
車道側に出ちゃ
だめだよ。

この道はせまくて、
人とすれちがうことが
できないんだ。

家の近くの国道です。側溝が歩
道になっているので、側溝のふ
たの上を歩きます。

階段のある場所を通って近道します。

線路ぞいの道を
歩きます。ここ
も、ガードレー
ルをつけてほし
い道です。

とめてある
自転車にも
気をつけて。

階段のない道は
かなり遠回り
なんだ。

公園につきました。すべり台で遊ぶお子さんに、お父さんがついていきます。

トイレか、こまったな・・・。

おむつがぬれたようです。けれど、この公園にはトイレがありません。

ベビーカーではこの柵は出られない。べつの出入り口にしよう。

トイレのあるショッピングセンターまで行くことにしました。急いで、公園を出発します。

2 トイレと食事

赤ちゃんの世話ができる設備をしめすマークがあります。

ここなら、男子トイレでおむつがえができるんだ。

フードコートに来ました。上のお子さんは食物アレルギーがないので、好きな食べ物をえらびます。

何食べたい?

ラーメンがいい!

見て、ちゃんと手がとどくよ。私がおすよ!

ベビーカーがあるので、長い階段は使えません。歩道橋の横にあるエレベーターを利用して、道をわたります。

おいしかった!

はい、どうぞ。

食事が終わったら、用事をすませに駅へ向かいます。

下のお子さんには軽い卵アレルギーがあるので、家から持ってきたごはんを食べます。

公共トイレ

外出したときに用を足すことができる公共トイレは、みんなにとって必要で大切な場所です。どのようなバリアフリーの工夫があるのでしょうか？

空港にある男子トイレ。小用の便器と個室がならんでいる。個室のとびらにあるマークは、ベビーチェア（赤ちゃん用のいす）や、オストメイト（人工肛門または人工膀胱をつけている人）が使うための設備がそなえてあることをしめしている。

写真：アフロ

Q どんな場所にあるの？

A 駅やお店、公園など多くの人が利用する場所

　排泄することは、だれにとっても、食べることと同じように重要です。人が利用するあらゆる場所に、公共トイレが設置してあります。空港、駅、公園、商業施設のほか、市役所や図書館、スポーツセンターや文化センターなどの公共施設にもかならずあります。

写真提供：伊東マリンタウン株式会社

個室がならぶ女子トイレ。利用できることがわかるよう、空いているときはとびらが開くつくりのトイレが多い。

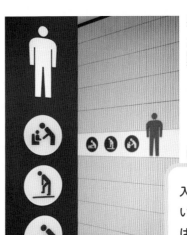

男子トイレの入り口。たくさんのマークが表示してある。

考えてみよう！

入り口にマークがならんでいるよ。この男子トイレでは、何ができるかな？

調べてみよう！ きみの住む町には、どんな公共トイレがあるかな？

Q なぜ、つくられたの？

A 町がいつもきれいに なっているために

およそ200年前、江戸時代後期の長屋（共同住宅）にあった共同トイレの模型。

写真：江東区深川江戸資料館

　江戸時代の終わり（1860年ごろ）までの江戸の町には、何家族もが住む建物には共同のトイレがありましたが、町なかでだれもが使える公共トイレは、あまりありませんでした。明治時代になるころ、横浜に外国人が住む居留地ができ、町をよごさないために公共トイレがつくられました。

　公共トイレが町にできると、野外で用を足す人がへって、排泄物をトイレだけに集めることができるようになります。町はだんだんきれいになり、さらに1914年に水洗便器が登場すると、都市部ではしだいに汲み取り式から水洗へと変わりました。下水道が整備され、衛生的になり、みんなが過ごしやすい町になりました。

　今は、すべての人がいつでも公共トイレを利用することができることを基本に、町がつくられています。

こどもトイレ

きれいなトイレは気持ちがいいね！

考えてみよう！

もしも公共トイレがなかったら、どんな町になるかな？

使いやすくするための工夫

男子トイレ

工夫❶ 小便器が床からはなれているので、掃除がしやすく、トイレ全体が清潔です。

工夫❷ かべを濃い色にすることで、白い小便器を目立たせています。視力が弱いなど目の不自由な人にも、便器の位置がわかりやすいです。

工夫❸ 傘や杖をかけるためのフックがあります。手すりのある小便器もあります。

多機能トイレ

工夫❶ 車いすのまま入って便座に移動したり、向きを変えたりするのに十分な広さがあります。ベビーカーやスーツケースも持ちこめます。

工夫❷ 水を流すためのボタンやお尻を洗うウォシュレットのボタンは、トイレットペーパーの上にあります。目の不自由な人もまちがえないよう

に、ボタンのならび順は決められています。

工夫❸ 便座の左右に手すりがあります。体をささえるために、左右とも必要です。片方は、車いすで便器に近づくときにじゃまにならないように、はね上げられるようになっています。

工夫❹ オストメイト（人工肛門・人工膀胱の人）が使うための洗い場があります。

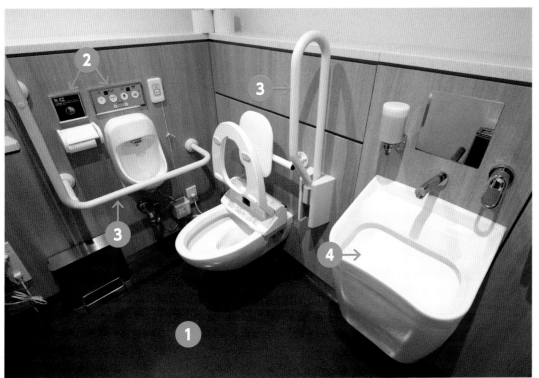

いろいろな機能がそろっている多機能トイレ。ほかの個室とちがって広く使えるように、また車いすでの出入りがしやすいように、とびらは横に引いて開ける引き戸になっている場合が多い。

赤ちゃんのおむつをかえるときに使う台。多機能トイレの中にある場合と、外にある場合がある。

車いすで
世界30か国を旅行した
三代 達也さんの
お話

Q 日本の町のトイレでこまるのはどんなこと?

A とにかく、数が少ないことがこまります。

外出先で、ぼくは多機能トイレを使います。数が少ないのですが、多機能トイレを使いたい人はとても多いのです。人によっては1回のトイレで30分かかることもあるので、ビルの1フロアに1つでは足りません。最近のことですが、高速道路のサービスエリアで、男子トイレの中に少し広めの個室があってとても助かりました。アメリカではどの公共トイレでも、広めの個室があります。ぼくのように、多機能トイレでなくても個室が少し広ければ使える車いす使用者もいるので、日本でも広めの個室がふえるとうれしいです。

みんなに便利なのはどんなトイレ？

公共トイレに必要な3つのバリアフリー

日本の公共トイレは、おもに3つのバリアフリーの要素を満たすように進化してきました。

1970年代から、車いすで使えるトイレの整備が始まりました。2000（平成12）年からは、オストメイト対応のトイレや、ベビーカーのまま入れて赤ちゃんのおむつがえのできるトイレもふえました。これらの機能がまとめてある個室を「多機能トイレ」などとよびます。

車いすを方向転換したり、車いすから便器にうつるのに、広さが必要。

オストメイト用に、用具をきれいに洗うための設備が必要。

赤ちゃんのおむつをかえる場所と、保護者が用を足すときに赤ちゃんにいてもらう場所が必要。

必要とする人が使えない！

これまで、3つのバリアフリーを満たしたトイレが、男女共用の個室のトイレ（多機能トイレ）として整備されてきました。しかし、多機能トイレは建物の中に1つあればよいと法律で決められています。そのため、いつもだれかが使っていて、使いたい人が待たされることが問題になっています。そこで、機能を1か所にまとめるのではなく、おむつがえとオストメイトの機能を男女のトイレの個室にもたせて、多機能トイレの役割をへらすことが考えられています。

男子トイレ・女子トイレとは別につくられた多機能トイレ（左端の緑のとびら）。男女共用の個室で、さまざまな機能が集められている。今、多機能トイレの役割を分散させることが考えられている。

さまざまな希望をかなえるトイレとは？

多機能トイレの機能を、男子トイレと女子トイレそれぞれに分散させることをよろこぶ声がある一方で、今までどおり、男女共用の多機能トイレが使えないとこまるという声もあります。

トイレをだれにも気を使うことなく使えることは、すべての人にとって大切なことです。さまざまな声を聞いて、多くの人の希望をかなえられる方法がないかが考えられています。

「私は自走用の軽い車いすを使っているから、すごく広い場所は必要ない。少しだけ広い個室がほしい。とにかく使えるトイレをふやしてほしいな」。

「ぼくは大きな電動車いすを使っているから、多機能トイレが必要。だけど男女共用トイレはいやだ。男子トイレに入りたい」。

「夫を介助するのに、男子トイレには入りにくいわ。男女共用トイレがないとこまる」。

「女として生まれたけれど、自分では男だと思っているんだ。男女共用トイレがあれば、気がねなく使えるんだけど」。

写真提供：株式会社バカン

知っているかな？
混雑状況がトイレの中でわかる！

30分、1時間と、ついつい長い時間を公共トイレの個室で過ごす人がふえています。このため、なかなかトイレが空かず、こまる人もたくさんいます。

そこで、個室の中に、ほかの個室の空き状況がしめされる仕組みが開発されました。自分が入ってから何分たったかも表示されます。「満室なら、つぎの人のためにも、そろそろ出ようかな」という気持ちをうながします。

トイレのために開発された「エアーノック」という製品。左に空き状況がしめされ、全部ふさがると「満室」と表示される。この場合、この個室に入って10分以上がたっている。

みんなが気持ちよく、トイレを使うにはどんなトイレがあるといいかな？
考えてみよう！

防災広場
（ぼうさいひろば）

山口県防府市にある新築地町防災広場。魚のメバルの形をした全長 25m の遊具があり、別名「メバル公園」という。防災のための工夫がたくさんつまった公園として、2020 年、三田尻中関港の緑地にオープンした。ターザンロープ、すべり台、クライミングのほか、おとなも利用できる健康遊具などもそなえた公園だ。

地震や水害など自然災害が起こったときに、人びとを助けるための備えがしてある公園や広場があります。どんな備えがあるのでしょうか？

メバルの形をした大型の遊具は、内部が2階建ての構造。上の空間にはトランポリンがはられ、つり橋やトンネルなどの遊具がある。

 ## Q どんな場所にあるの？

A 多くの人が集まることができ、防災の拠点になる場所

防災公園・防災広場は、地震などの自然災害が起きたときに、地域の人たちが避難したり、大きな混乱がおさまるまでの数日間を過ごしたりするなど、災害のときに役立つ場所です。都道府県や市町村がつくる防災計画にもとづいて、公園や広場、緑地などにつくられます。いざというときに人びとの命を助けられるように、さまざまな工夫がしてあります。

山口県防府市にある新築地町防災広場は、海ぞいにある防災広場として整備されています。

1階部分をテントで囲うことで、約50人が避難できる臨時の休憩場所になる。

仮設テントが完成したところ。上も横もきっちりとテントでおおわれているので、中にいれば雨にぬれない。

調べてみよう！ **きみの身近な場所には、防災広場はあるかな？**

Q なぜ、つくられたの？

A 災害時に、港で働く人や市民が一時避難場所として使えるように

　新築地町防災広場（通称メバル公園）は、海に面した場所にあります。公園のある三田尻中関港は、地震などの自然災害が起きて道路や鉄道が使えなくなったときに、船で食料や衣服などの支援物資を運びこむための重要な拠点となります。メバル公園は、その拠点で働く人たちをささえるための場所として整備され、2020（令和2）年にオープンしました。

　メバル型の大型遊具は、災害時の休憩場所として使用できる大型テントとしても、楽しい遊具としても役立ちます。もしも公園で遊んでいるときに災害が起きたら、遊具に一時的に避難することができます。遊具だけでなく広場全体が、ふだんは地域の人たちのいこいの場として、いざというときにはたよりになる場所として親しまれています。

この公園があって助かったなあ！

メバル公園を管理する
防府市河川港湾課
尾中 雄飛さんのお話

Q 公園の遊具が防災の道具にもなるようにしてあるのは、なぜですか？

A ふだんから防災用具に親しんでもらうため。

　近年、豪雨による土砂災害などにより、道路などの陸路が使えなくなって地域が孤立することが多くあります。孤立した地域には支援物資をとどけられません。海は土砂災害の影響を受けにくいため、災害時に船を利用して荷物を運ぶことができる「港」が、重要な役割をもちます。海ぞいにあるメバル公園は、災害にそなえる防災広場として整備しましたが、ふだんはみなさんが楽しめるように、防災用具を遊具の形にしました。遊具で遊ぶ子どもたちに、自然災害や防災に対する関心をもってもらえたらうれしいです。

防災にいかすための工夫

工夫❶ メバル型の大型遊具は、災害時には約50人が雨風から身を守るための避難場所になります。

工夫❷ 屋根付きの休憩所にカーテンを取りつけると、人目をさけられる場所として使えます。カーテンは燃えにくい素材でつくってあります。

工夫❸ ベンチを取りはずすとかまどになります。お湯をわかしたり、料理をつくったりできます。

工夫❹ 照明は、ソーラーパネルで充電した電気を使って点灯します。照明の下には、スマホなどを同時に充電できるように、充電コードの差しこみ口が4つあります。

工夫❺ 橋と船の遊具は、金具を取りはずして組みたて直すことで、2台の荷車になります。援助物資やけが人を運ぶために使います。

メバル公園にある9つの屋根付き休憩所も、災害時の休憩所になる。授乳室や更衣室として使うこともできる（❷）。

屋根付き休憩所にあるベンチは、テーブルとかまどになる（❸）。かまどがあれば、まきや炭を使って火を起こすことができる。

ソーラーパネルを使った照明。暗くなると自動で点灯する。左の写真は、発電した電気をスマホに充電しているところ（❹）。

災害時には、荷車として組みたて直すことができる遊具（❺）。援助物資などを運ぶのに役立つ。

メバル公園から徒歩2分の場所にある道の駅「潮彩市場防府」に、防災用のマンホールトイレがある。災害時には5つのマンホールの上にテントをはって、トイレとして使う。

人びとを守る防災広場

熊本地震を経験してできた防災広場

熊本県菊陽町にある光の森防災広場は、2016（平成28）年の熊本地震のあとに整備されました。熊本地震のときには、備蓄物資が足りず、各地から支援物資が送られてきましたが、それを町民に配るための場所がありませんでした。その反省からこの広場は、緊急の避難場所になるだけでなく、避難者を支援するための拠点として使えるよう、整備されています。

災害時に避難できる屋根付きの休憩所や、防災井戸、耐震性の貯水槽もそなえてあります。

広い敷地には、ヘリコプターが離発着できる。また、臨時の入浴施設の設置もできる。

トイレが足りないときのために、マンホールトイレを10こ、用意してある。

防災備蓄棟には、災害用の備蓄品がしまってある備蓄庫がある。ほかに、お年よりや赤ちゃん、小さな子どもや妊婦が過ごすことのできる部屋が用意されている。

防災井戸は、蛇口をひねれば水が出る。災害時には手洗いや洗い物、マンホールトイレの流水など飲み水以外の生活用水に利用できる。

愛知県刈谷市の公園の地下にそなえてある貯水槽。1000㎥の水道水をためることができる。水道管とつながっているため、いつも新鮮な水だ。消火活動や飲み水として利用できる。

写真提供：刈谷市

公園の地下に水をためる

災害時に水が足りなくなり、たくさんの人がこまることがあります。水をいつでも使えるようにしておくことは、災害対策でもっとも重要です。災害時のために、地下に大きな貯水槽のある公園があります。

ためられた水は、倉庫においてあるポンプでくみあげる。貯水槽は刈谷市内の6つの公園にある。

調べてみよう！

きみの住む町では、災害時に使うための水を用意しているかな？

知っているかな？

災害時の「要配慮者」ってどんな人？

目や耳が不自由な人は、災害時に情報を得られないことがあります。体が不自由で自分の力だけでは避難ができない人も、たくさんいます。これらの人びとを災害時の要配慮者とよんで、周りの人がとくに気をつけるようにしています。要配慮者が災害時に取り残されないように、近所の人どうしで日ごろから声をかけあうなど、助けあう関係をつくっておくと、いざというときに安心です。

また、これらの要配慮者の人たちは、避難所で過ごすときにもこまることがたくさんあります。周りの人の気配りと手助けが必要です。

避難するための情報を得ることがむずかしい人たち。目や耳の不自由な人、認知症のお年より、小さな子ども、外国の人など。

ひとりで避難することがむずかしい人たち。体の不自由な人、お年より、小さな子ども、おなかの大きな妊婦など。

きみの住む町には、防災のためのどんな備えや工夫があるかな？

調べてみよう！

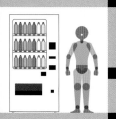

安心できる工夫 ③

UD自動販売機

飲み物やおかしなどを、町にある自動販売機で買うことができます。だれでも買うことができるためには、どんな工夫があるのでしょうか？

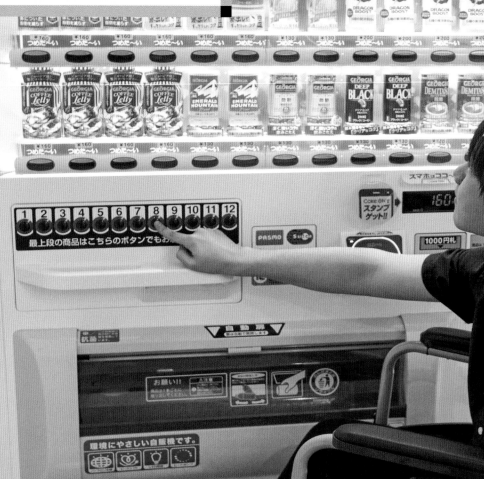

UD とは、ユニバーサルデザインのこと。何かをつくるときに、言語や年齢・性別・能力などのちがいにかかわらず、できるだけ多くの人が利用できることをめざしたものだ。
UD 自動販売機は、できるだけ多くの人が使うことができるように、さまざまな工夫がほどこされている。

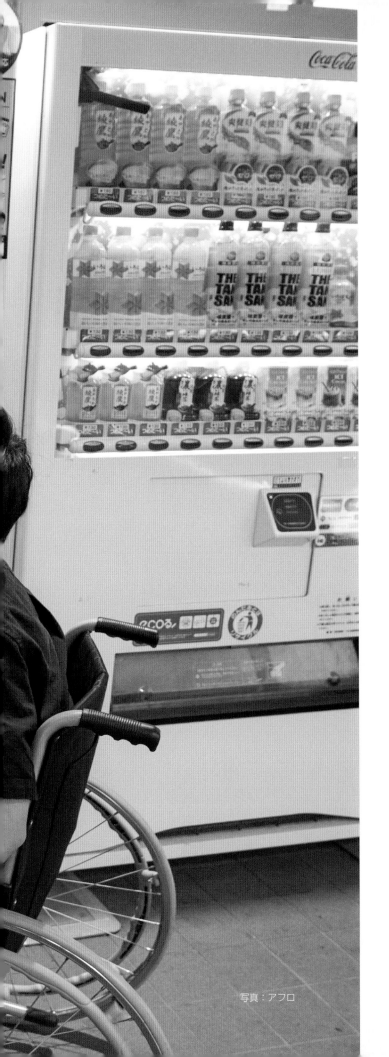

写真：アフロ

Q どんな場所にあるの?

A 町中や駅、建物の中など 人が行き来する場所

　飲み物や食べ物などをいつでも買うことができる自動販売機は、とても便利です。日本では屋外にも屋内にも、さまざまな場所に自動販売機が設置されています。

　UD自動販売機は、障害のある人やお年より、子どもなどにも、商品を買いやすいように工夫された自動販売機です。病院や老人ホームなどの高齢者施設、学校、スポーツ施設、文化施設などに多く設置されています。

写真提供：sh-50／フォートラベル

駅のホームにある自動販売機。背の低いつくりで商品ボタンに手がとどきやすく、車いすを使う人や子どもにも便利だ。

交通系ICカードを使って買うことができる自動販売機。硬貨や紙幣を使わずに買えるので、目や手に障害のある人にも便利な工夫のひとつだ。

調べてみよう! UD自動販売機には、どんな工夫がされているかな?

Q なぜ、つくられたの？

A 商品を買いたい人みんなが利用できるように

ふつうの自動販売機では、おとなが立ったときにちょうどいい高さになるよう、商品ボタンがならんでいます。小さな子どもや車いすを使う人は、背のびをしないと手がとどきません。目が不自由な人や手が不自由な人にも、使いにくいものでした。そこで、だれもが使いやすいような工夫をこらした、ユニバーサルデザイン（UD）の自動販売機が開発されました。

今、UD自動販売機の設置台数は、全国で少しずつふえています。病院や学校、駅などの公共施設をはじめ、バリアフリーの環境を大切に考える会社などでも、設置されるようになっています。

自分でボタンおしたいの！

自分でえらべて、うれしいな！

考えてみよう！

駅や大型商業施設に設置されたUD自動販売機は、どんな人に便利かな？

ダイドードリンコ株式会社

森下 尚昭さんのお話

Q UD自動販売機の工夫の中で、とくによろこばれている部分はどこですか？

A 低い位置にある商品ボタンです。

私たちの会社は、飲料メーカーとして自動販売機の開発・設置をしています。UD自動販売機でとくによろこばれている工夫は、低い位置につけられている商品ボタンです。車いすを使う人や子どもだけでなく、高いところに手がとどきづらくなったお年よりにも便利だからです。日本では外国とちがい、夜中などだれも見ていないときでも自動販売機をこわして中身をうばおうとする人が少ないので、外にも設置しやすく、町中に置かれています。たくさんの人に必要とされているので、だれもが使いやすくなるための改良も必要です。

使いやすくするための工夫（くふう）

工夫❶ 車いすを使う人やお年よりでも商品ボタンに手がとどきやすいように、低い（ひくい）場所にも商品ボタンがあります。

工夫❷ 商品ボタンの下に、バッグなどの小物を置ける（おける）台があります。

工夫❸ お金の出し入れにかかわる部分はオレンジ色に統一（とういつ）し、自動販売機（じどうはんばいき）の右側（みぎがわ）にまとめてあります。コイン投入口に皿がついているので、小銭（こぜに）を落とさずに入れやすいです。おつりが出てくる受け皿（コイン返却口〈へんきゃくぐち〉）も、見やすく、取り出しやすいように外側（そとがわ）についています。

工夫❹ 車いすにすわったまま商品を取り出すとき、車いすが動かないようにつかまるためのレバーがあります。片手（かたて）でレバーにつかまり、かがんで、もう片方（かたほう）の手で商品を取り出します。お年よりなどもつかまることができるので安心です。

工夫❺ 商品の取り出し口が外側（そとがわ）についています。位置（いち）も高め（おく）なので、深くかがんで手を奥（おく）まで入れなくても、商品を取り出せます。

写真協力：ダイドードリンコ株式会社

コイン投入口

コイン返却口（へんきゃくぐち）

UD（ユーディー）自動販売機（じどうはんばいき）にかぎらずほとんどの自動販売機（じどうはんばいき）で、目の不自由（ふじゆう）な人のためにコイン投入口とおつり返却（へんきゃく）レバーに「コイン」「へんきゃく」の点字をつけてある。

外国人観光客（かんこうきゃく）のために、4か国語の音声で使い方を教えてくれる自動販売機（じどうはんばいき）もある。中国語（ちゅうごくご）、韓国語（かんこくご）、英語（えいご）、日本語（にほんご）をえらべる4つのボタンがある。

どんどん便利になる自動販売機

Wi-Fi機能をつける

周辺を、無料でインターネットに接続できる場所にする機能がついた自動販売機があります。半径数十メートルの範囲では、だれでも自由にWi-Fiにつなぐことができます。

日本にやってきた外国人観光客へ向けて、スマホやタブレットの画面に地域のおすすめスポット情報などを外国語で表示させるサービスもあります。

周辺を無料のWi-Fiスポットにする機能がついた自動販売機。外出先でインターネットに接続したい人に便利だ。

写真：毎日新聞社

災害時に飲み物を提供する

災害などで停電になったときのために、人が操作して中の商品を取り出すことができる自動販売機がふえています。電気や水道水が使えなくなるなどの非常時に、復旧するまで、または支援物資がとどくまでの間、人びとに自動販売機の中にある飲み物を、無料で提供できます。停電になったときに操作ができる工夫として、内部にバッテリーがそなえてある、または内部のハンドルをまわして充電するなどの種類があります。

また、電光掲示板で災害情報を提供する自動販売機もあります。

奈良県大和郡山市の消防団分団庫前に設置された災害対応自動販売機。前面についているハンドルを回して発電できる。発電した電気は、スマホやラジオにも使える。災害時に備え、市内に19ある分団庫にそれぞれ設置されている。

スマホで買える自動販売機

スマホで商品を買うことができる自動販売機が登場しています。代金を支払うためのアプリを入れたスマホを、自動販売機にかざして使います。現金が必要ありません。自動販売機は年々進化し、さらに便利になっています。

スマホや交通系ICカードで買える自動販売機は、商品ボタンにさわらずに買い物ができるので、感染症対策にも役立つ。

ほかにもあった！

自動販売機でおむつを買う

今は飲み物だけでなく、冷凍食品や缶詰など、さまざまな商品の自動販売機があります。中でも注目されているのが、飲み物といっしょに赤ちゃん用のおむつを販売している自動販売機です。赤ちゃんといっしょに外出した先で、おむつが足りなくなるなどの心配をすることがないように設置されました。こまったときに便利な自動販売機です。

おむつを販売している自動販売機。おしりふきも買うことができる。

きみの住む町には、どんな工夫のある自動販売機があるかな？

調べてみよう！

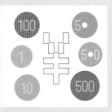

お金のバリアフリーを見てみよう

目の不自由な人にとって、紙幣や硬貨の金額の区別ができることは、とても大切です。紙幣にも硬貨にも、さわって種類が区別できるための工夫がこらされています。このページでバリアフリーの工夫を学んだら、お金をさわって試してみましょう。

¥ 紙幣の工夫

紙幣には、千円札、二千円札、五千円札、一万円札の4種類があります。
目の不自由な人のために、さわってちがいがわかるようにしてあります。

凸版印刷による識別マーク

紙幣の下の左右に、凸版印刷（でこぼこを利用した印刷）によるざらつきを持たせたマークがついている。
紙幣によってマークの形がことなり、一万円札はかぎ型、五千円札は8角形、二千円札は縦に3つの点、千円札は横棒が印刷されている。

かぎ型（一万円札）　　8角形（五千円札）

縦に3つの点（二千円札）　　横棒（千円札）

サイズのちがい

4枚の紙幣は横はばが少しずつちがう。高額になるほど大きくなる。

160mm　　76mm

156mm　　76mm

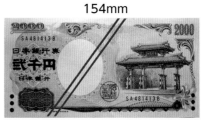
154mm　　76mm

150mm　　76mm

ホログラム透明層の形のちがい

一万円札と五千円札の左下に、見る角度によって絵が変わるホログラムがある。ホログラムをおおう透明の部分の形が、一万円札は楕円形、五千円札は四角形と、それぞれちがう。さわるとツルツルしているので、区別する助けになる。

¥ 硬貨の工夫

円には6種類の硬貨があります。それぞれ、重さや大きさ、もようのちがいなどで、さわってわかるようになっています。

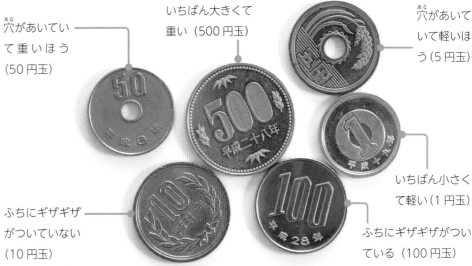

穴があいていて重いほう（50円玉）

いちばん大きくて重い（500円玉）

穴があいていて軽いほう（5円玉）

いちばん小さくて軽い（1円玉）

ふちにギザギザがついていない（10円玉）

ふちにギザギザがついている（100円玉）

新紙幣の工夫を見てみよう

2024年に発行が予定されている新しい紙幣にも、目の不自由な人や外国の人がより区別しやすいための工夫がされます。これまでの紙幣と大きくちがうのは、数字の大きさです。金額をしめす数字（算用数字）がぐっと大きくなり、外国の人にも使いやすくなっています。また、紙幣の両端に入れてあった識別マークの位置が変わりました。これまではすべての紙幣で同じ位置にありましたが、新紙幣ではそれぞれちがう位置にあります。ホログラム透明層の位置も、紙幣によってことなります。障害のあるなしにかかわらず、だれにでも紙幣を区別しやすい工夫がちりばめられています。

上から新一万円札、新五千円札、新千円札。

数字の部分

識別マーク

ホログラム

食材ピクトグラム

食物アレルギーがあったり、宗教上の理由で食べることができない食材がある人がいます。そのような人に、何の食材が使われているのかを知らせるピクトグラムです。

2019（令和元）年に大阪で開かれた国際会議の昼食。各国からの参加者へ料理がふるまわれた。料理のそばにおかれているプレートに、使われている食材をしめすピクトグラムがついている。写真のピクトグラムは「フードピクト」とよばれる食材ピクトグラム。
※フードピクトは株式会社フードピクトの登録商標です。

A レストランのメニューや加工食品のパッケージなど

　それぞれの食材を単純な絵であらわしたものを、食材ピクトグラムといいます。食材ピクトグラムは、レストランのメニューやサンプル品の説明プレートなどについています。これらは、たくさんの外国の人が利用する空港のレストランや、ホテル、国際会議の食事の場などで見られます。また、ショッピングモールやテーマパークのレストランなどでも取りいれられています。

　スーパーなどで売っているレトルト食品や冷凍食品、調味料のパッケージにも見られます。

6つのフードピクトがつけられたソース。それぞれに赤い斜線をつけることで、これらの食材を「使っていない」ことをしめしている。

食材ピクトグラムがつけられたカレールー。これらを「使っていない」ことをしめす。食材ピクトグラムにはいくつかの種類があり、いろいろな団体や都道府県などが独自に開発している。

調べてみよう！ きみの身近な場所では、どんなところにあるかな？

Q なぜ、つくられたの？

A 料理や加工食品に、何の食材が使われているかがわかるように

特定の食材を食べたり飲んだりすると具合が悪くなる、食物アレルギーのある人がいます。まちがって口にすると、命にかかわることもあります。病気のため、食べられないものがある人もいます。

また、宗教によっては、食べてはいけないとされる食材があります。まちがって食べてしまうことはあってはならないことで、そのことをおそれて、安心して食事ができない人もいます。

店の料理や売られている食品にどんな食材が使われているのか、一般の人はくわしく知ることができません。そこで、だれが見てもわかるように、食材ピクトグラムがつくられました。

メニューや食品パッケージにつけられたピクトグラムを見れば、自分が食べられない、または食べてはいけない食材が使われていないかを、簡単にたしかめることができます。

Q なぜ、フードピクトをつくったのですか？

A 日本での食事を楽しみに外国から来たお客様を、おもてなししたかったから。

株式会社フードピクト
菊池 信孝さんの
お話

大学生のとき、日本に初めて来た外国人をもてなす機会がありました。すし店に案内したのですが、宗教上の理由で豚肉とアルコールは食べられないとのこと。しかし、本当にそれらが入っていないかをたしかめられず、結局彼らは食べられませんでした。おもてなしに失敗した経験から、だれが見てもわかる食材のマークをつくろうと考えました。今は、食物アレルギーのある人にも、フードピクトがあれば安心だと、便利に使ってもらっています。

使いやすくするための工夫

フードピクトの場合

工夫❶ ベージュ色の背景に、濃い茶色の絵の2色でできています。色の見え方がほかの多くの人とちがう色覚障害の人や、お年よりにも、見やすい色です。

工夫❷ 目立ちすぎず、しかも目につきやすい色と形で、レストランのメニューなどになじみます。

工夫❸ 宗教上の理由などで食べられない人の割合が多い肉と魚介、アルコールにくわえて、卵や乳製品、小麦などのアレルギー特定原材料7品目がとりあげられています。全部で14個です。

工夫❹ 開発時の調査では、世界23か国の1500人に参加してもらい、どの国の人が見てもわかるピクトグラムを追求しました。そのため、日本語がわからない人でも、言葉や文化のちがいをこえて、何の食材をしめしているかがわかります。

牛肉 | 豚肉 | とり肉 | ひつじ肉 | 魚 | 貝

かに | えび | 落花生 | 卵 | 小麦 | そば

アルコール | 乳製品

① → ② → ③

乳製品のピクトグラム案は、最初は集乳缶（しぼった牛乳を集める缶）の絵（❶）だったのが、改良を重ねて紙パックの絵（❷）となり、現在の牛乳びんの絵（❸）になった。牛乳を缶に集める習慣のない国や地域、牛乳に紙パックを使う習慣のない国や地域では、何の絵か理解されなかったためだ。完成形は、調査に参加した人の98％が理解できている。

フードピクトが必要なわけ

食物アレルギーのもしもの事故をふせぐ

食物アレルギーのある人が、原因になる食べ物を食べてしまった場合、さまざまな症状が起こります。ひどいときには、呼吸ができなくなるなど命にかかわることもあります。そこで、保育園や学校の給食では、アレルギーのある人が絶対に原因の食材を食べることのないよう、さまざまな対策をたてています。

兵庫県神戸市の小学校では、給食のこんだて表にくわえて、フードピクトに番号がつけられた使用食品一覧表（対比表）を、必要とする家庭に配布しています。使用食品一覧表には使用される食材の番号が記されており、フードピクトを使った対比表とともに使います。フードピクトを使うことで、日本語が十分理解できない児童と保護者でも、簡単にチェックできるようになることがねらいです。

▼食物アレルギーのある子ども（3歳児）の割合変化

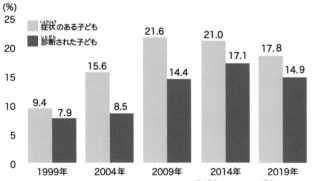

(%)

- 症状のある子ども
- 診断された子ども

年	症状のある子ども	診断された子ども
1999年	9.4	7.9
2004年	15.6	8.5
2009年	21.6	14.4
2014年	21.0	17.1
2019年	17.8	14.9

食物アレルギーのある子どもはふえる傾向にあり、約7人に1人が何らかの食物アレルギーがあると診断されている。
東京都3歳児健康診査結果より作成

	No.	1	2	3	4	5	6	7	8	9
ピクトグラム										
日本語		卵	乳	小麦	そば	落花生	えび	かに	あわび	いか
English		Egg	Milk	Wheat	Soba /Buckwheat	Peanuts	Shrimp	Crab	Abalone	Squid
あなたの母国語 [Your Langage]										
	No.	10	11	12	13	14	15	16	17	18
ピクトグラム										
日本語		いくら	オレンジ	カシューナッツ	キウイフルーツ	牛肉	くるみ	ごま	さけ	さば
English		Salmon roe	Orange	Cashew nuts	Kiwi fruit	Beef	Walnut	Sesame	Salmon	Mackerel
あなたの母国語 [Your Langage]										
	No.	19	20	21	22	23	24	25	26	27
ピクトグラム										
日本語		ゼラチン	大豆	鶏肉	バナナ	豚肉	まつたけ	もも	やまいも	りんご
English		Gelatin	Soy	Chicken	Banana	Pork	Matsutake mushroom	Peach	Yan /Yamaimo	Apple
あなたの母国語 [Your Langage]										

使用食品一覧表 対比表　※使用食品一覧表と対比してご覧ください。
Potential allergen comparison table　※Please compare with the used food list.

本表の「No.」と「使用食品一覧表」の「No.」は同じ食品を示しています。
(The 「No.」 on this table and the 「No.」 on the used food list show the same food.)

※絵文字「フードピクト」は株式会社フードピクトの提供です。(This pictograms of food "FOODPICT" is provided by FOODPICT Co.Ltd.)

神戸市の小学校で家庭に配られている「使用食品一覧表（対比表）」。いっしょに配られる給食のこんだて表と見比べながら使う。

ほかにもあった！

避難所で使われるフードピクト

大きな災害が起こったときは、多くの人が避難所で過ごします。避難者には、食物アレルギーのある人、日本語のわからない外国の人など、さまざまな人がいます。食べられないものがある人は、避難所での生活がつらいものになり、支援を受けられなくなることもあります。そこで、フードピクトを使って、避難者それぞれの食べられない食材をチェックする試みが行われました。ひとりひとりによりそった支援に役立つことが、期待されています。

避難所の運営訓練に、フードピクトが使われた。

宗教上の理由などで 食べることのできない食材がある人のために

たとえばイスラム教という宗教では、食べてもよいとされる食べ物と、食べてはいけないとされる食べ物があります。なかでもとくに、豚肉とアルコール（みりんなどの調味料もふくむ）についてはきびしく禁じられています。

このように食べるものに制約のある人にとっては、店の料理にどんな食材が使われているかを前もって知ることは、とても大切です。言葉や文化、宗教や体質などのちがいをこえて、だれもが安心して日本での食事を楽しめるようにするために、フードピクトが活躍しています。

フードピクトの発案者、菊池さんの調査に協力してくれたさまざまな国の人たち。

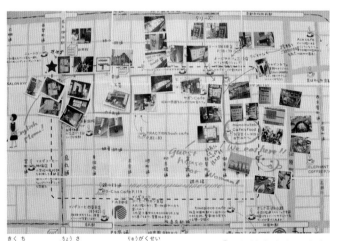

菊池さんが調査で外国人留学生たちとおとずれた飲食店をしめす地図。留学生たちが食べられない食材について調査し、何の食材のピクトグラムをつくるかを決めるために役立てた。

すし店での調査のようす。参加した外国人留学生が、食べられない食材を調べて報告した。

ほかにも、どんなところにフードピクトがあると、安心できるかな？

考えてみよう！

マルチメディアデイジー図書

ももたろうたちは、海をこえ、山をこえ、とうとうおにが島につきました。
「ここがおにが島だな」
「がんじょうな　黒い門が立っているぞ」

昔話『ももたろう』を表示しているところ。マルチメディアデイジー図書は、デジタル録音図書として世界共通の規格なので、世界各国で同じシステムがつくられている。

伊藤忠記念財団 わいわい文庫2015『ももたろう』文：浜なつ子　絵：よこやまようへい

文字を読むことが苦手な人が、読書を楽しむための道具があります。マルチメディアデイジー図書がどんなふうに便利なのか、見てみましょう。

タブレットの場合は、縦でも横でも、見やすい向きにして見られる。

戸山図書館　　　　toya-PadO3

ももたろう

ももたろうたちは、海をこえ、山をこえ、とうとうおにが島につきました。
「ここがおにが島だな」
「がんじょうな　黒い門が立っているぞ」

マルチ展デ

Q どうやって利用するの?

A パソコンやタブレットを使う

　マルチメディアデイジー図書は、音声といっしょに、文字や画像を見ることができるデジタル図書です。パソコンに専用のソフト（アプリ）を入れ、CD-ROMを読みこんで利用します。

　ソフトを入れてあるパソコンは、おもに学校や公共図書館におかれていますが、自分のパソコンやタブレットにソフトを入れて読むこともできるので、家で楽しんだり、勉強に使ったりできます。

図書館にあるパソコンで、車いすテニスについての図書を読んでいるところ。自分のパソコンやタブレットで読みたい人は、読むための専用ソフトを日本障害者リハビリテーション協会のWEBサイトから無料でダウンロードできる。

児童向けマルチメディアデイジー図書のCD-ROM「わいわい文庫」。パソコンに入れて再生する。

調べてみよう!　きみの学校や町の図書館には、あるかな?

Q なぜ、つくられたの?

A 最初は、視覚障害者のために音声の図書としてつくられた

「マルチ」とは、「さまざまな、多くの」という意味です。紙に印刷された文字を読むことがむずかしい人には、さまざまな人がいます。目の不自由な人だけでなく、ものを見づらくなったお年より、日本語が十分理解できない外国の人など、さまざまな人に役立つものにするために、音声と文字や絵をいっしょに楽しめる「マルチメディアデイジー図書」が開発されました。

マルチメディアデイジー図書は、「さわる」「聞く」「見る」のどれかの手段で利用できるようにつくられています。手に障害があってページをめくることがむずかしい人や、耳が不自由で日本語を聞く機会がないために読むのも苦手な人などにも、便利です。いろいろな人が、読書を楽しんだり勉強したりするのに欠かせません。

今、学校の教科書にもマルチメディアデイジー図書の取り組みが広がっています。

おもしろいね!

うん!

やってみよう!

学校や図書館にマルチメディアデイジー図書があったら、使ってみよう!

新宿区立戸山図書館
谷口 絵莉子さんの
お話

Q マルチメディアデイジー図書はどんな人が読む本ですか?

A 本を読みづらい人におすすめしています。

視覚障害や発達障害、学習障害のある人に便利な図書です。少しでも見えるなら、視覚を最大限にいかして、本のほうを変えようと試みたのがマルチメディアデイジー図書です。文字の読みづらさには、たとえば、文字が二重に見える、目が勝手におよいでしまう、白い紙がまぶしくて本を見ていられないなどがあります。それらの「こまった」をかかえる人にも、「自分で本を読みたい気持ち」があります。その気持ちを助けるため、図書館では、ひとりでも多くの人にマルチメディアデイジー図書を知ってもらう試みをつづけています。

使いやすくするための工夫

工夫❶ 文章が、音声で読み上げられます。音声を聞きながら、同時に絵や写真を見ることができます。

工夫❷ 再生したとき、今読んでいる文字のところに、ハイライト（白い背景に黄色など）の色がつきます。今どこを読んでいるのかがわかるので、本の内容を理解しやすくなります。

工夫❸ 音声を再生する速さを調節できます。

工夫❹ 文字を読みやすい大きさに変えることができます。

工夫❺ 文字の色と背景の色を、自分にとって読みやすい色に変えられます。

伊藤忠記念財団 わいわい文庫 2021「かんたん！車いすテニスガイド」公益財団法人日本パラスポーツ協会

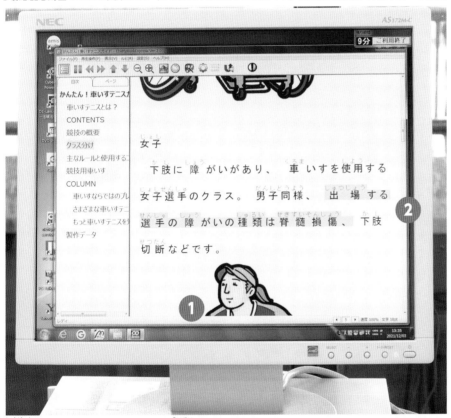

障害者スポーツについての図書を再生しているところ。音声が読み上げている部分に、黄色のハイライトがついている。読み進めると、このハイライト部分が移動していく。

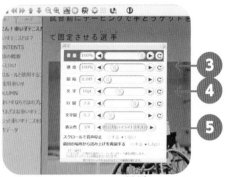

読みあげる速さ、文字の間隔、文字の大きさ、行と行の間、表示する色などを、画面上のつまみを左右に動かすだけで簡単に調節できる。

白い画面がまぶしくて苦手という人も多い。文字の色と背景の色を変えることができる（❺）。

音声のみのデイジー図書

マルチメディアデイジー図書よりも先に、デイジー図書が開発されていました。それまでの録音テープにかわる音声だけの図書で、2019 年 3 月末時点で 8 万 8000 点※が用意されています。それに対して、マルチメディアデイジー図書は 240 点とまだ少ないですが、毎年少しずつふえています。

※サピエ事務局による集計

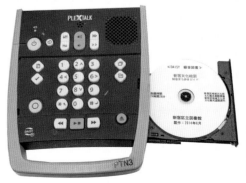

デイジー図書を再生するための専用の機械

いろいろな図書サービス

点字図書と大活字本

　目の不自由な人が本を読むことができるように、図書館にはいくつかの工夫があります。点字を読める人のために、点字図書があります。また、弱視などの障害のある人には、文字を大きく印刷してある大活字本や拡大読書機が用意してあります。公共図書館は、それらの障害のある人たちの読書へのかべ（バリア）をなくすための、大切な役割をになっています。

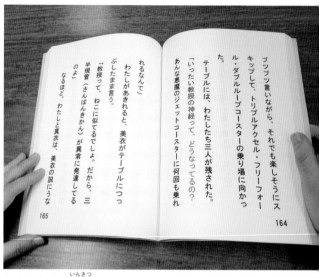

大きな文字で印刷してある大活字本

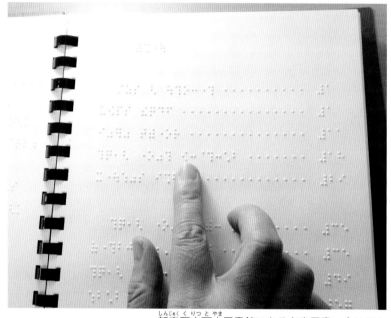

新宿区立戸山図書館にある点字図書。今はほとんどの公共図書館に点字図書がおいてある。

拡大読書機。開いたページがモニターに大きくうつしだされる。

知っているかな？

「読書バリアフリー法」ってなに？

　2019（令和元）年に「読書バリアフリー法」ができました。障害のあるなしにかかわらず、すべての人が読書を楽しむことができるようにするための法律です。

　法律では、さまざまな障害のある人が利用しやすい方法で、本の内容にふれられるようにすることをめざしています。そのため、紙に印刷された本は、文字の大きさやフォント（書体）を工夫してもっと読みやすくすること、デジタル図書もより使いやすく、よりたくさんの本が読めるように環境をととのえることなどがすすめられています。

手で読める絵本

　目の見える人も見えない人も、いっしょに楽しめる絵本があります。点字がついていて、絵もさわって楽しむ絵本です。

　弱視の人にも見えやすいように、文字はくっきりと、少し大きく印刷されています。絵は、さわったときにわかりやすい形や手ざわりになるように、絵柄を少し変えて、位置も調整されています。友だちとも、親子でも楽しめる絵本です。

『てんじつきさわるえほん　ぐりとぐら』。目の不自由な人でなくても、手でさわって絵とお話を楽しめる絵本だ。

点字（❶❷）と重ならないように、ぐり、ぐら、たまごの位置（❸❹❺）を調整してある。青い服の部分は縦のしま、赤い服の部分は細かな点になっているので、さわって区別できる。うき出たたまごの横には、点字で「たまご」とそえてある（❸）。

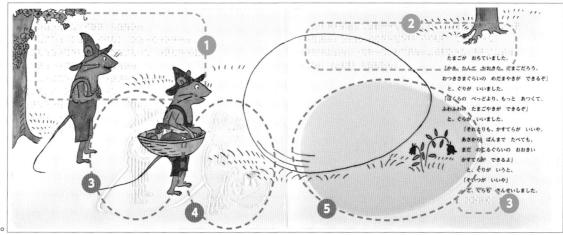

「てんじつき さわるえほん ぐりとぐら」　中川李枝子 作　大村百合子 絵　福音館書店 刊

図書の郵送・宅配サービス

　障害があるなどのために、図書館へ行くことがむずかしい人がいます。そのような利用者のために、宅配サービスを行っている公共図書館があります。職員が利用者の家へ行って、本の貸し出しと返却を受けつけます。読書バリアフリー法の成立をきっかけに、これらのサービスを充実させる図書館がふえています。

京都府の福知山市立図書館で始まった図書館資料宅配サービス。利用者が電話などでサービスの利用を伝えると、希望の本をとどけてくれる。1回につき 10 冊まで、30 日間借りられる。

きみの町の図書館では、どんなバリアフリーの工夫があるかな？

調べてみよう！

さくいん

監修	川内美彦（東洋大学人間科学総合研究所客員研究員）

一級建築士、博士（工学）。頸髄損傷により19歳から車いすを使用。1989〜90年、ユニバーサル・デザインの提唱者であるロン・メイスと親交を結び、薫陶を受ける。障害のある人の社会への関わりについて、「人権」や「尊厳」の視点で分析し、平等な社会参加を権利として確立していく活動を展開している。

国語科指導	岩倉智子（梅光学院大学文学部教授）
装丁・本文デザイン	倉科明敏（T.デザイン室）
企画・編集	渡部のり子・頼本順子（小峰書店） 常松心平・鬼塚夏海（オフィス303）
イラスト	ニシハマカオリ（P5） 常永美弥（P10、P16、P22、P30、P36） フジサワミカ（P12、P13、P19）
図表・グラフ	玉井杏
写真	平井伸造
取材協力	一二三達哉、三代達也、防府市土木都市建設部河川港湾課、ダイドードリンコ(株)、(株)フードピクト、新宿区立戸山図書館
写真協力	防府市、菊陽町、刈谷市、ダイドードリンコ(株)、アサヒグループホールディングス(株)、(株)毎日新聞社、(株)フードピクト、オタフクソースホールディングス(株)、エスビー食品(株)、神戸市教育委員会、福知山市立図書館、(株)毎日新聞社、アフロ、PIXTA

みんなが過ごしやすい町のバリアフリー
⑤安心できる工夫

2022年 4 月 9 日　第1刷発行
2022年11月11日　第2刷発行

発行者　　小峰広一郎
発行所　　株式会社小峰書店
　　　　　〒162-0066 東京都新宿区市谷台町4-15
　　　　　TEL 03-3357-3521　FAX 03-3357-1027
　　　　　https://www.komineshoten.co.jp/
印刷・製本　図書印刷株式会社

© Yoshihiko Kawauchi 2022 Printed in Japan
NDC 369　40p　29 × 23cm　ISBN978-4-338-35005-1